Rieder Tierkinderbücher

© 2008 by Edizioni Arka, Milano
Titel der italienischen Originalausgabe: »Il Camaleonte«

© für die deutschsprachige Ausgabe 2008
Susanna Rieder Verlag
Offenbachstraße 46a
D-81245 München

Aus dem Italienischen von Susanna Rieder
Umschlaggestaltung: Wendy Dettmann, Weimar

Printed in Italy
ISBN 978-3-941172-01-2

Das Chamäleon

Bilder von Patrizia La Porta
Text von Gaia Volpicelli

Rieder Tierkinderbücher

Das Chamäleon ist ein Tier, das sich stundenlang stillhalten kann. Es bleibt meist sein ganzes Leben lang auf ein und demselben Baum wohnen. Nur ab und zu wechselt es den Zweig, auf dem es sitzt. In Madagaskar, wo es lebt, ist es fast immer sehr heiß. Da mag man sich sowieso nicht so viel bewegen.

Morgens, wenn es Durst hat, wartet es einfach, bis der Tau auf seinen Kopf fällt und ihm dann in den Mund rinnt.

Es geht auch nicht jagen, wenn es hungrig wird. Es wartet einfach, bis etwas Essbares bei ihm vorbeikommt. Manchmal stundenlang. Das Chamäleon hat sehr große, hervorstehende Augen, von denen es jedes einzeln bewegen kann. Wenn es mit dem einen Auge hochblickt oder nach vorne, kann es mit dem anderen nach unten oder rückwärts schauen! So kann es alles ganz genau beobachten, ohne den Kopf auch nur einen Millimeter zu bewegen.

Wenn es eine Beute in Reichweite entdeckt, richtet es beide Augen gleichzeitig auf sie. Blitzschnell schießt dann seine Zunge hervor, und blitzschnell zieht sie sich wieder zurück.

Die Zunge ist länger als sein gesamter Körper! Außerdem ist sie sehr kräftig. Für das gefangene Tier gibt es also keine Rettung. Im Nu ist es verschluckt.

Am allerunbeweglichsten wird das Chamäleon, wenn es nicht entdeckt werden möchte. Anstatt sich irgendwo zu verkriechen, bleibt es wie versteinert auf seinem Platz. Dann geschieht etwas Fantastisches: Das Chamäleon verfärbt sich und nimmt genau die gleiche Farbe an wie der Untergrund, auf dem es sitzt.

Jetzt kann man es nur sehen, wenn man ganz nahe davor ist.

Auch wenn es plötzlich überrascht wird, läuft das Chamäleon nicht weg. Da es keine Ohren hat, kann es den Eindringling nicht kommen hören. Aber sein Tarnschutz funktioniert perfekt.

In einer Sekunde nimmt es die Farbe der Blätter an.

Der Lemur denkt sich: „Komisch, gerade habe ich jemanden hier gesehen und jetzt ist keiner mehr da. Wo ist das Tier hingekommen?"

Das Chamäleon ist ein Einzelgänger, es hat ungern jemanden um sich herum. Am allerwenigsten kann es andere Männchen in seiner Nähe ertragen.
Es wird dann vor Aufregung ganz rot und bläst angriffslustig seinen ganzen Körper auf.

Wer wagt es, in sein Gebiet einzudringen, wer wagt es, auf diese Äste zu kommen, die doch sein Zuhause sind?

Einem Weibchen, mit dem es sich paaren möchte, kann unser Chamäleon allerdings schöne Augen machen. Das dunkel gefärbte Weibchen auf dem oberen Ast ist jedoch abweisend: Auf seiner Haut erscheinen plötzlich Tupfen, es öffnet sein Maul und rollt seinen Schwanz fest ein. Zum Glück erwidert das andere Weibchen das Werben des Männchens. Es färbt sich ganz hell und streckt seinen Schwanz weit von sich.

Die Begegnung dauert nicht lange. Gleich danach trennen sich die beiden wieder und jedes geht seiner eigenen Wege.

Wenn es Zeit ist, die Eier abzulegen, verlässt das Weibchen für ein einziges Mal seinen Baum. Es sucht sich ein warmes Loch im Boden und legt dort bis zu 30 Eier hinein.

Dann lässt es die Eier unbewacht liegen. Dort unter der Erde sind sie sicher.

Die Mutter kehrt alleine in die Ruhe ihres Baumes zurück.

Die Eier beginnen in dem Loch langsam zu wachsen. Nach ein paar Monaten hat sich ihre Größe verdoppelt. Endlich brechen die jungen Chamäleons aus ihren Schalen heraus.

Ihre Mutter ist nicht mehr da, um ihnen den Weg zu zeigen oder Futter zu suchen. Sie folgen einfach ihrem Instinkt. Jedes Chamäleon geht seinen eigenen Weg und sucht sich einen Baum…

Dort sitzt es dann für den Rest seines Lebens. Tagsüber lauert es auf Beute oder verfärbt sich, je nachdem, was gerade passiert. Nachts schläft es tief und fest. Ohne die wärmenden Strahlen der Sonne ist es zu starr, um sich richtig bewegen zu können. Schade eigentlich, denn der Mond scheint so schön in dieser afrikanischen Nacht.

Ebenfalls in dieser Reihe lieferbar:

Der Vogel Strauß

Der Wolf

Der Frosch

In Vorbereitung:

Der Storch

Der Pandabär

Der Elefant

Das Krokodil